UN MOT

SUR LA PHILIPPIQUE

DE

M. DE CHATEAUBRIAND.

A PARIS,
Chez DELAUNAY, Libraire, Palais-Royal, galeries de bois.

IMPRIMERIE DE CHAIGNIEAU AÎNÉ.
1818.

AVANT-PROPOS.

MONSIEUR le vicomte de Châteaubriand nous avertit, dans sa préface, « qu'il a communiqué son Œuvre à « plusieurs membres de la chambre « des pairs et de la chambre des dé- « putés, qui ont pensé que la publi- « cation de cet écrit serait utile; et « que, dans tous les cas, elle ne pour- « rait avoir d'inconvénient que pour « l'auteur. » Voilà, certes, ce qu'il a dit de plus vrai en sa vie. Son écrit sera utile, en ce qu'il ne semble étaler toutes les armes du vieil arsenal, que pour en montrer la faiblesse; mais il aura cet inconvénient pour l'auteur, qu'il pourra bien ébrécher la réputation de profond dialecticien que ses imitations de l'Apocalypse lui avaient faite.

UN MOT
SUR LA PHILIPPIQUE
DE
M. DE CHATEAUBRIAND.

Il n'était pas tout-à-fait dénué d'esprit, le premier qui mit en circulation ce mot aujourd'hui si connu : Oh ! que les gens d'esprit sont bêtes ! Nous en faisons tous les jours quelque nouvelle expérience ; cette dernière vaut bien les autres.

L'auteur d'*Attala*, de *Velleda*, de tant de frivolités pompeuses, de tant de graves facéties, vient de mettre le comble à sa gloire, en publiant, dirai-je, une satire ? non ; le fiel n'est pas le seul ingrédient de la satire. Dirai-je un acte d'accusation ? non ; il n'y a pas d'acte d'accusation sans preuves. Dirai-je un système ?

encore moins. Il n'y a pas de système sans ordre, et sans liaison dans les idées. Qu'est-ce donc que son Œuvre? Qualifiez, si vous pouvez, un mélange incohérent de contradictions, et de redites, et de concessions forcées, et de regrets mal déguisés, et de conjectures démenties par l'évènement, et de pauvretés emphatiques, le tout écrit d'un style de mélodrame, et jugez.

Comme l'auteur, je veux procéder avec méthode. C'est quelque chose de singulièrement attrayant que la méthode, si attrayant, qu'on se laisse prendre quelquefois à ce qui n'en a que l'apparence, et que le plus sot harangueur est sûr de fixer l'attention, quand il a pu dire : dans mon premier point je parlerai de ceci; dans mon second point de cela, et dans mon troisième de ceci et de cela. Ainsi fait M. de Châteaubriand : son prône se divise en trois points; je diviserai le mien en deux. C'est de l'ennui épargné au lecteur.

Il faut prouver, 1° que l'ouvrage ne répond pas à son titre; 2° qu'il va directement contre son but. Si j'y parviens, il me semble que mon adage de tantôt ne sera pas tout-à-fait déplacé : *Qu'en dis-tu?*

L'opuscule a pour titre : Du Système po-

LITIQUE SUIVI PAR LE MINISTÈRE. Il est clair que ce titre nous promet deux choses, le but où tend le ministère, et la concordance de ses moyens avec le but. Ou la connaissance du but me fera juger des moyens, ou les moyens me conduiront à la connaissance du but. Cherchons.

La première phrase qui attire mon attention est ainsi conçue : « Comment le ministère qui « favorise ou qui subit le système, a-t-il traité « les hommes et les opinions? » (*Page* 9.)

Ce mot *subit* est un grand mot ; il donne à penser ou à rêver. Quelle serait donc cette puissance cachée qui dicterait ses lois à la puissance visible? et où se cacherait-elle ? Certes, voilà une énigme qui valait bien la peine de nous être expliquée. Le mot *favorise* n'est guères plus clair, quoiqu'il le paraisse davantage ; car il suppose toujours un moteur secret. Que les ministres protègent ou exécutent un système, qu'ils obéissent à une impulsion, ou qu'ils secondent cette impulsion ; il reste une lacune. Mon impatiente curiosité ne veut pas qu'on l'ait irritée en vain ; elle demande à pénétrer dans ce mystèrieux atelier où se trament tant d'œuvres iniques. Si M. de Châteaubriand n'est pas plus instruit que nous, quel malin plaisir trouve-t-il à mettre ainsi les esprits à la torture? S'il sait tout, que tarde-t-il à le dévoiler?

Mais il me vient une idée; et c'est pour le coup qu'il faudrait rendre hommage à l'imagination de l'auteur. Cette puissance mystérieuse qu'on ne veut point définir, ni désigner, ne serait-ce point les révolutionnaires? Ce système subi ou favorisé, ne serait-ce point la révolution? A ce compte ce sont les ministres qui réchauffent les vieux amis de la révolution, qui applaudissent à leur audace, qui épousent, je ne veux pas dire leurs intérêts (car ces hommes seraient plus dupes encore que M. de Châteaubriand et les siens, s'ils espéraient qu'après s'être servi d'eux pour l'attaque, on songe sérieusement à leur faire part des fruits de la victoire), mais qui épousent leurs doctrines, qui votent avec eux, qui marchent avec eux, qui boivent dans la même coupe. Certes l'accusation serait neuve, et les griefs bien choisis.

Je trouve à cette même page 9, que *la chambre des députés de* 1815 *déplut au ministère qui s'était placé dans la minorité*. Ne convenait-il pas de nous dire auparavant les causes de cette désertion? Car enfin la place d'un ministère est avec la majorité. S'il ne l'a pas, il la cherche, parce qu'il n'est en sûreté qu'avec elle.

Il fallait nous dire par quel étrange motif le ministère a pu vouloir embarrasser lui-même son chemin de broussailles. Que s'il s'était placé dans la minorité pour empêcher la majorité de tout brouiller et de tout détruire, certes je ne vois point là matière à procès; et jamais en bonne logique, un sacrifice volontaire ne fut un crime.

Il y a un mot que M. de Châteaubriand emploie à tort et à travers, parce qu'il sait bien que c'est la meilleure arme de son arsenal; j'entends le mot de *Royalistes*. Qui prendrait pour du comptant quelques phrases sonores, s'imaginerait qu'on a organisé sous le gouvernement du Roi la persécution des Royalistes; qu'on les a signalés nominativement à la haîne publique, qu'on invente tous les jours de nouvelles sévérités contr'eux. Et remarquez qu'il ne s'agit pas d'un fait isolé, mais d'une chaîne de faits; ni d'un instant fugitif, mais d'une période de plus de deux années. Si l'auteur m'eût daigné consulter, au lieu du titre assez vulgaire qu'il a donné à sa brochure, il aurait mis: CONSPIRATION DES MINISTRES DU ROI, CONTRE LE ROI, AU NOM DU ROI. Pour un écrivain assez sujet à prendre le bizarre pour le sublime, je crois que ce titre serait une trouvaille. Mais on ne s'avise jamais de tout.

Certes, il y avait abondamment ici de quoi exercer le savoir-faire d'un poëte en prose; et Catilina, Mirweys, Walstein étaient de maigres sujets en comparaison. Quoi! sous les yeux du Roi même, et par l'autorité qui émane de lui, on opprime constamment ses plus fidèles sujets, ses plus anciens défenseurs, *les courtisans des temps de son adversité!* Il le voit, il le sait, et, au lieu d'écraser les oppresseurs, il sanctionne l'oppression! Mais ce Roi, lassé par l'infortune ou désespérant du salut de l'état, détourne peut-être les yeux, laissant flotter au hasard des rênes que la main la plus exercée serait inhabile à diriger? Point du tout, le Roi veille; il espère, il nous communique l'espérance. Il ne détourne pas plus de nous ses regards que son cœur. C'est lui qui découvre les défauts les plus secrets de l'administration, c'est lui qui les répare. Toute sagesse vient de lui, comme tout pouvoir. Mais la politique ferme donc son cœur à l'humanité? D'abord l'humanité serait ici de la politique. Et puis tous les actes de son règne, tous les instans de sa vie ne repoussent-ils pas un tel soupçon? Jamais la voix plaintive du plus humble de ses sujets parvint-elle jusqu'à lui sans faire tressaillir, sous le dais, ce cœur royal tant éprouvé lui-même par le malheur? Mais on assiège donc les avenues du trône, on en défend l'accès aux seuls hommes qui, dans les années de l'exil, peuplaient la solitude de la cour. Point ; ces hommes sont toujours auprès de lui, autour de lui. *S'ils ne sont point ses ministres, c'est qu'ils ne veulent point l'être.* (P. 45.) Qu'est-ce donc, je vous prie, que cette conspiration sans plan, ni but, ni moyens possibles? Pour le coup les ténèbres s'épaississent, et àmoins d'un Bonald pour commentateur, je crains fort qu'elles ne se dissipent jamais.

Voici donc, il faut bien le dire, à quoi se réduit l'invention du romancier; à décorer exclusivement quelques hommes du nom de *Royalistes*. C'est ainsi (pardon de la comparaison) que, dans un certain temps, de certains apôtres de la liberté ne connaissaient qu'eux de *Patriotes*; et Dieu sait quels Patriotes! Serait-ce vraiment être Royaliste que de se plaindre de tout, de fronder tout, de trouver à redire à tout sous le gouvernement du Roi? Serait-ce être Royaliste que de s'associer, sous le gouvernement du Roi, et je dis ouvertement et sans détour, à des mécontentemens qui ne prendraient pas leur source dans une opinion royaliste? M. de Châteaubriand veut que les ministres en assurant que *le gouvernement doit tenir la balance égale entre tous les partis*, aient compté les Royalistes comme un parti ; il veut qu'en désignant dernièrement à la tribune les hommes qui *compromettraient* le trône, si l'on ne se hâtait d'arrêter leurs efforts, ce soit les *Royalistes* dont on ait voulu parler. Il veut qu'un certain préfet eût en vue les *Royalistes* quand il assurait que le Roi verrait avec déplaisir siéger dans la nouvelle chambre des membres de l'ancienne majorité. Si tout cela est vrai, il faut en convenir, le procès des ministres est tout fait. Mais ceux que la passion n'aveuglera pas reconnaîtront sans peine quels sont les hommes dont on entend parler : des brouillons qui tentent de confondre les mots pour mieux troubler les choses, des ambitieux pour qui la Charte n'est qu'un instrument, et l'époque où nous sommes une transition. Si ces hommes là se nomment exclusivement Royalistes, permis à eux. Le sont-ils? *ex operibus eorum cognoscetis eos.* J'ai lu mes livres saints, tout aussi bien que ceux qui n'y cherchent que des sujets de roman.

C'en est assez sur ce premier point. Si l'ouvrage répondait à son titre, il indiquerait le but où tend le ministère, et le secret ressort qui le fait mouvoir, et le prix enfin qui lui est réservé. Le prix surtout. Car on sait l'axiôme de jurisprudence CUI BONUM? Tant que je ne verrai pas clairement tout cela, j'en conclurai que ce n'est qu'une mauvaise spéculation politique, laquelle, par le temps qui court, pourrait devenir une bonne spéculation de libraire.

Mais l'ouvrage a-t-il atteint son but? Voilà mon second point. Est-ce là de la méthode? Le but est simple, renverser les ministres pour les supplanter; le moyen est double, dénigrer, dénigrer encore, n'importe pourquoi ni comment; ce sont les traditions de D. Basile; et puis enrôler un parti ennemi, comme auxiliaire, sauf à le considérer de nouveau comme ennemi, quand on n'aura plus besoin de ses services. Il y a de l'habileté dan s ce plan; l'exécution y répond-elle?

Le meilleur moyen de servir un coupable, c'est de lui prêter des torts qu'il n'a pas. Ici l'exagération nuit à la vérité même. Car, du moment où vous êtes reconnu trompeur sur un point, on est bien près de vous contester tous les autres. Or, le grand tort, le principal tort du ministère, est un de ces rêves qui ne peuvent trouver naissance ni crédit que dans des têtes fabriquées exprès. Et pourtant il faut que ce tort existe, si l'on ne veut pas que tous les autres s'en aillent en fumée.

Rallier deux ennemis naturels sous une même bannière, de deux oppositions toutes contraires, ne faire qu'une opposition, c'était le coup de maître. Vos amis l'ont tenté; et il faut le dire à leur honneur, la tentative a paru un moment réussir. Mais ne voilà-t-il pas que vous accourez avec vos brusqueries et vos sarcasmes amers, et vos chagrins farouches, pour bouleverser en un moment l'ouvrage de plusieurs mois? Vous tendez la joue de si mauvaise grâce à vos nouveaux amis, votre voix est si aigre en les flattant, vos caresses enfin ressemblent si fort à des coups, qu'il faut être insensible pour s'y méprendre. Ainsi l'ordonnance du 5 septembre leur avait rendu, non pas l'autorité, vous voyez qu'ils n'en ont pas plus que vous, mais un peu de liberté. Et voilà que vous tonnez contre l'ordonnance du 5 septembre! La loi des élections les favorisait singulièrement selon vous, puisque c'était un habit fait tout juste sur leur taille, et qu'un peu plus, un peu moins d'ampleur aurait pu leur rendre incommode, et vous voila invoquant, contre la loi des élections, l'irrécusable autorité de M. Fiévée! Par un dernier bienfait, le nouveau projet de recrutement ouvre aux plébéiens l'entrée des emplois militaires, et vous nous représentez ce projet comme un attentat aux droits de la couronne!

Parlerai-je des autres douceurs que vous leur prodiguez çà et là; par exemple, lorsque vous dites qu'il sont trop heureux d'avoir obtenu pardon (*p.* 15); qu'ils deviennent exigeans et parlent de leurs droits (*ibid.*); qu'ils ne seront satisfaits que lorsqu'ils auront renversé la monarchie légitime (*ibid.*); plus loin vous vous plaignez que la rebellion trouve des cœurs indulgens (*p.* 16); plus loin vous comparez les indépendans aux barbares exigeant tribut des Romains (*p.* 27)! plus loin vous leur rappelez durement les fédérés et leur cocarde (*p.* 60); plus loin vous vous faites l'interprète de l'Europe qu'effarouchent leurs doctrines. Quel faux ami vous êtes! mais aussi quel maladroit ennemi!

Je ne puis en conscience accuser d'en vouloir à la Charte, celui qui a dit, la Charte et sept hommes par département. Mais ne serait-ce point qu'après l'avoir tournée et retournée en tout sens, il a cru apercevoir un défaut de cuirasse par où il pourrait tout doucement insinuer, non pas la féodalité, mais l'équivalent de la féodalité? Qu'il y regarde de près; un premier examen trompe quelquefois. La Charte n'est pas si flexible qu'on le croirait bien. Il y a là quelques principes, comme par exemple les articles 1, 3, 5, 8, 9, contre lesquels toutes les ruses du malin auront bien de la peine à prévaloir.

J'aime à voir votre tendre pitié déplorer si éloquemment les infortunes des Royalistes, je veux dire de ceux qui se nomment tels; car il faut s'entendre. Agneaux innocens, intéressantes victimes, ce sont eux que l'on entoure de surveillances et de gênes; c'est sur eux que pèse l'arbitraire des préfets. Si une lettre de cachet, en dépit de l'article 4 de la Charte, vient arracher un homme à ses foyers, à sa famille, à ses travaux, et ruiner sa fortune commencée; si cette proscription le frappe à l'insu du ministre, et souvent malgré lui, et par les ordres de je ne sais quel gouvernement secret, qu'on aurait bien dû nous expliquer, puisqu'on était sur le chapitre des mystères; nul doute, c'est un Royaliste. Si une cour prévôtale, au nom du plus indulgent des souverains..... un sentiment d'horreur m'empêche de poursuivre..... je frémis de tracer ce que vous n'avez pas rougi d'excuser. Que dis-je? vous avez accusé ceux qui tentent d'effacer de tels souvenirs, ou d'en adoucir l'amertume. Vous, l'apôtre du christianisme, ou qui prétendez l'être, vous avez parlé de la miséricorde, comme on parlerait de la rebellion! et cependant Toquemada lui-même avait écrit sur sa bannière le mot de miséricorde à côté du mot de justice.

Mais dites qui sont ceux que désigne cette obscure accusation? Serait-ce l'orateur vertueux (1) qui, du haut de la tribune nationale, osa faire entendre les gémissemens de l'humanité? En effet, cette peinture du fatal tombereau, promenant lentement dans les campagnes l'instrument terrible qui devait les arroser du sang de leurs habitans, n'a pas dû porter dans les âmes un médiocre sentiment de pitié. Et ce passage plus remarquable encore où le même orateur se plaint que *les premiers auteurs et les perfides instigateurs de ces mouvemens funestes tiennent encore leur tête cachée dans l'ombre*, a fortifié la pitié par l'indignation. Si l'opinion publique a pu, je ne dis point déchirer, mais au moins

(1) M. Camille Jordan.

soulever le voile, à qui le devons-nous, si ce n'est aux ministres? Et cette sanguinaire justice (1), à laquelle un discours que je ne vois point figurer dans le catalogue de vos chefs-d'œuvre, semblait préparer des encouragemens, ne sont-ce pas les ministres qui en ont empêché le cours? Je crois les justifier et je les accuse; car c'est là précisément ce qu'on leur reproche.

Les ministres sont conséquens, du moins. Ils ont voulu consolider la restauration. Pour y parvenir, il fallait arracher, l'une après l'autre, toutes les plantes vénéneuses qui l'auraient bientôt enveloppé de leurs ombres mortelles. Je ne vois pas un seul de leurs actes qui ne soit dirigé vers ce but. C'est dans ce but, qu'ils écartèrent une turbulente majorité, pour l'empêcher de devenir factieuse; car ne pensez pas nous tromper. Nous savons à merveille ce qu'elle voulait cette majorité; elle ne visait pas au renversement du trône, mais à son affaissement. Ce n'était point Robespierre qu'elle évoquait; mais Ebroin et Charles-Martel. Les ministres se trouvaient

(1) Discours prononcé par M. de Châteaubriand à l'ouverture du collège électoral du Loiret en 1815.

placés entre le régime des Etats-Unis et celui de la Pospolite. Qu'eussiez-vous fait alors, ou plutôt que n'eussiez-vous pas fait?

Poursuivons. C'est dans un tel but que les ministres proposèrent cette loi des élections qui vous déplaît et doit vous déplaire, parce qu'elle ne remet point les élections dans vos mains. Ils trouvèrent dans cette admirable loi un juste tempérament, ni trop aristocratique, ni trop démocratique; elle se fondait sur les mœurs nationales, qui par-dessus tout veulent l'égalité, et sur la division actuelle des fortunes qui tend aussi à l'égalité.

C'est dans ce but qu'ils ajournent la loi définitive de la presse, et que par des transitions insensibles ils nous préparent à l'adoption définitive de cette loi, comme on prépare insensiblement un malade au régime des hommes sains.

C'est dans ce but, et pour satisfaire à-la-fois le vœu de la charte, et les désirs paternels du Roi, qu'il accordent à l'ancienneté des services militaires ce droit qui vous épouvante. Quoi donc! Parce que le Roi *commande les armées*, il ne pourra établir un ordre invariable dans ses armées? Parce qu'il appartient à lui seul de régler le prix des services, il ne pourra d'avance régler ce prix ? Où donc est-elle cette invasion de la puissance législative dans le domaine royal ? Est-ce que la puissance législative dispose des places ? Est-ce qu'en vertu du projet, au Roi et au Roi seul n'appartiendra pas l'exécution de la loi ? On dirait que la règle établie dans les administrations civiles en faveur de l'ancienneté porte atteinte à la prérogative royale. J'avoue que ce n'était point le système d'autrefois ; mais aussi l'on ne connaissait point autrefois de recrutemens périodiques. Pour peu que le noble pair y daigne réfléchir, il comprendra qu'avec les recrutemens périodiques une autre législation a dû naître ; que si l'on doit compte à la nation de ses tributs d'argent, on lui doit compte de ses tributs d'hommes ; mais il est peut-être comme la sérénissime bourgeoisie de Francfort qui veut bien permettre aux juifs de la servir comme soldat, sous condition de n'aspirer jamais à l'épaulette.

Les ministres sont donc conséquens. Dirai-je que vous l'êtes, ou que vous ne l'êtes pas ? Le choix vous doit être à-peu-près indifférent, car vous ne gagneriez guères plus à ne l'être pas, qu'à l'être.

A peine le Roi avait-il posé son pied sur la

terre de France, vous avez cru qu'il en prenait possession pour vous ; vous l'avez considéré comme le Roi de quelques hommes, et non comme celui de la nation. Où les droits périclitaient, la délation servait de supplément; vous dévoriez par la pensée ces propriétés que des convenances supérieures à la justice même avaient rendues irrévocables. Jusqu'aux pieds des autels, vous portiez le mépris des institutions existantes (1) et le regret des privilèges abolis. Vous ne parliez du peuple qu'avec dédain, du siècle qu'avec horreur. Tous les droits acquis, tous les droits naturels étaient menacés. Et, pendant que l'auguste héritier de tant de Rois travaillait sans relâche à effacer les dernières traces des partis, des serviteurs infidèles, sous de beaux semblans de fidélité, travaillaient à effacer l'empreinte que ses vertus avaient laissée dans tous les cœurs. Le découragement s'empara du plus grand nombre; de coupables espérances se réveillèrent dans quelques âmes. Un évènement qui pèsera sur notre postérité vous rendit plus malheureux sans vous rendre plus sages. Vous

---

(1) Saoristain, apporte.

aperçûtes bien les effets, vous ne voulûtes point apercevoir les causes; il fallut céder au torrent....... A peine rentrés, vous ne rêvâtes plus que prisons et supplices. Des lois désastreuses furent portées. Vous fîtes une proscription de l'amnistie même. Tant d'orateurs à l'eau rose, qui n'ont maintenant à la bouche que les mots de tolérance et de liberté, ne savaient parler alors que de rigueurs méritées, de châtimens inévitables. Ce fut alors que vous vous proclamâtes perpétuels. Inspirés par le docteur Fiévée, vous osâtes dire à votre souverain, TANT REÇU, TANT DONNÉ! Le 5 septembre a rabattu ces fumées. La ruse alors a remplacé la violence. Vous avez mis de la douceur et presque de l'onction dans votre langage. Vous vous êtes fait bergers, comme certain loup de la fable, pour dévorer plus à l'aise le troupeau. Il ne vous manquait plus que de vous liguer avec les hommes que vous avez tant de fois proscrits. Et vous l'avez fait tant la haîne est aveugle. Mais avec eux force vous a été d'emprunter leur langage. Il était un peu étrange dans votre bouche, et vous ressembliez assez à ce mécréant qui larde ses patenôtres de maudissons. Mais enfin vous touchiez au but de vos désirs : l'opposition allait être la majorité! malheureusement il faut décompter encore.

Non, vous n'êtes pas Royalistes, vous tous dont le mot de ralliement est pouvoir et vengeance. Laissez ce titre au citoyen qui ne sait point, par une frauduleuse distinction, séparer la volonté secrète du Monarque, de sa volonté explicite. Laissez ce titre à ces hommes tant calomniés qui, menacés par toutes les tempêtes, ont eu l'adresse et jusqu'ici le bonheur de naviguer sans dériver. Déposez-le, pour votre intérêt même, comme on se hâte d'éloigner un accusateur. Quant à vous, M. de Châteaubriand, l'on ne peut vous refuser de la faconde. Et vos discours académiques en font foi, surtout celui que vous prononçâtes avec tant de sincérité dans une certaine époque entre deux guichets. Cependant, oserais-je vous le dire, suez à froid, polissez des phrases, arrondissez des périodes, outrez des métaphores; ce n'est pas vous qui sauverez l'état : c'est bien assez de l'amuser. Est-ce que vous ne seriez pas content de votre partage? quand il veut paraître terrible, on persiste à le trouver agréable; et il nous boude! PETIT INGRAT!

www.ingramcontent.com/pod-product-compliance
Ingram Content Group UK Ltd.
Pitfield, Milton Keynes, MK11 3LW, UK
UKHW021118290826
14628UKWH00014B/2886

9 782011 789532